COLECCIÓN LEER EN ESPAÑOL

MW00773385

Carnaval en Canarias

Fernando Uría

español

Santillana
**Universidad
de Salamanca**

ESPAÑA
PORTUGAL
OCÉANO
ATLÁNTICO
MARRUECOS
Canarias
ARGELIA

OCÉANO   ATLÁNTICO

ISLAS   CANARIAS

ALEGRANZA   ROQUE
                DEL
MONTAÑA CLARA   OESTE
  LA GRACIOSA   ROQUE
LANZAROTE   DEL
                ESTE

LA PALMA   ISLA DE
                                   LOBOS
                    FUERTEVENTURA

LA GOMERA

EL HIERRO   TENERIFE   GRAN CANARIA

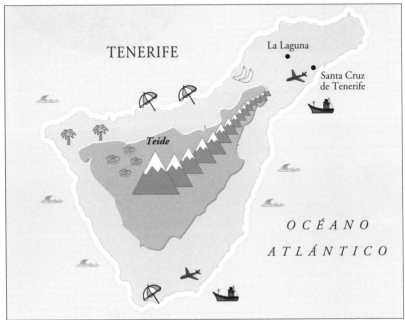

TENERIFE   La Laguna
                              Santa Cruz
                              de Tenerife

Teide

OCÉANO

ATLÁNTICO

I

TEODORO Ullmann duerme tranquilo. Está muy cansado. Apenas ha dormido la noche anterior. El avión toma tierra chocando suavemente contra el suelo.

Teodoro escucha la voz de su vecino de asiento:

—Despierte, amigo. Estamos en Tenerife.

Abre un ojo y ve el mar. Abre otro ojo y ve la arena del desierto[1]. Hace sol.

—¿Viene a trabajar?

—Sí.

—Poco podrá hacer. Estamos en febrero y hay fiestas. Es Carnaval.

«Bah, que los demás se diviertan. Yo no he venido a la fiesta», piensa Teodoro.

Al salir del aeropuerto pregunta cuántos kilómetros hay hasta la ciudad.

—Setenta.

—¿Puedo tomar un tren?

—No tenemos trenes en la isla.

—¿Y un taxi?

—Sí, pero es muy caro. Mejor en *guagua*.

—¿En qué?

—En autobús. Aquí lo llamamos así.

–Entonces iré en autobús, quiero decir en *guauguau*.

–*¡Guagua!*, y no en «guauguau». ¡No va a ir usted subido en un perro!

En el autobús ve una película sobre las islas Canarias. Las islas, que nacieron de los volcanes[2], salieron del mar en tiempos antiguos. La lava[2] de los volcanes se hizo tierra. Las playas y montañas son de lava. La montaña más alta es un volcán apagado. Se llama Teide, tiene una altura de 3718 metros y durante gran parte del año lo cubre la nieve. Las islas Canarias son siete. Dice una leyenda[3] que hay una octava isla: la isla de San Borondón, que aparece y desaparece. El que consiga verla vivirá para siempre.

Teodoro se duerme otra vez. Sueña con la isla de San Borondón. Una isla donde las palmeras[4] hablan y los ríos dan dátiles[4]. Cuando se despierta, se encuentra en un bosque. ¿Será esto la isla de San Borondón? El autobús está parado.

–¿Qué son esos árboles?

–Plataneras[5] –le contesta una mujer del campo.

Los viajeros lo miran de forma rara.

–¿Qué hacemos aquí parados?

Nadie responde. Se miran unos a otros. Algunos hablan en voz baja. Al final, una chica morena, de grandes ojos negros, le contesta:

–La carretera está cortada. No podemos entrar en Santa Cruz.

–¡Y yo tengo mucha prisa! –grita una señora.

–¿Por qué me miran así?

–Dice el conductor que estamos parados aquí por culpa de usted.

–¿Por mi culpa?

–Buscan a un camionero llamado Teodoro. Conducía por la autopista en dirección contraria y ha habido un accidente muy grave. Ahora el camión se encuentra en medio de la autopista y el camionero ha desaparecido.

–¿Y qué?

–La radio dice que se llama Teodoro y que es alto y rubio... como usted.

–¿Y ustedes creen que yo soy el camionero?

–Eso es.

–¡Pero yo acabo de llegar en avión! ¡Y me he quedado dormido en el autobús! Esto es un mal sueño... Mi nombre es Teodoro, sí, pero soy ingeniero, no camionero.

En ese momento, dos viajeros se levantan:

–Nosotros sabemos que él no es culpable. Lo conocimos en el avión. Podemos decírselo a la policía.

–¡¡A la policía!! ¿Para qué? ¿Dónde está la policía?

–Allí, ¿no ve a los guardias un poco más adelante?

Un hombre con un gran bigote blanco se acerca al asiento de Teodoro.

–Ya que es inocente, bájese del autobús y aléjese de aquí. Así no perderá el tiempo dando explicaciones. Como estamos en Carnaval, le aconsejo que se disfrace[6]. Nadie lo reconocerá.

–¿Que me disfrace? ¿De qué?

–Tengo una idea –dice una chica–. Vístase como un hombre de negocios elegante. Todo el mundo creerá que va disfrazado.

La gente del autobús se ríe y grita:

–¡Eso! ¡Elegante!

Un viajero le deja un sombrero para esconder su pelo tan rubio. La chica le pinta un precioso bigote con su lápiz de ojos.

Lo empujan para que baje del autobús. Alguien le entrega su pequeña maleta.

–Pero ¿a dónde voy?

–Siga esa carretera estrecha hasta La Laguna. Allí hay taxis. ¡Adiós!

Teodoro se aleja del autobús. Los viajeros lo despiden sacando sus pañuelos por la ventanilla.

II

TEODORO comienza a andar hacia La Laguna. En el camino pregunta a una mujer que está sentada a la puerta de su casa:

–¿Dónde puedo encontrar un taxi?

–Vaya al centro de la ciudad. Pero no sé si habrá taxis. Estamos en Carnaval.

Al acercarse al centro de la ciudad, ve algunos grupos disfrazados. Un taxi pasa a su lado.

–¡Eh, taxi!

El taxista para. Pero enseguida se fija en el bigote ridículo de Teodoro, en su sombrero medio caído y le grita por la ventanilla:

–¡Usted es el camionero loco! ¡Seguro! ¿Cómo se llama?

–Teodoro...

–¡Teodoro! ¡Ese es el nombre que repite la radio! Tiene que presentarse en la comisaría.

Teodoro corre por unas calles estrechas. El taxista sigue gritando:

–¡A él! ¡Cójanlo!

Cerca de un jardín tres chicas rodean a Teodoro.

–¿Y tú de qué vas vestido? ¿De hombre de negocios?

–Sí.

–¿Por qué corres tanto?

–Me esperan en Santa Cruz.

−¿Y quién te ha pintado ese bigote tan ridículo? ¿Esa Marilyn?
−No. Me lavaré la cara al llegar al hotel.

–¿Tienes novia?

–No. Me espera una mujer, pero no es mi novia. Se llama Marilyn. Trabajamos juntos.

–¿Y quién te ha pintado ese bigote tan ridículo? ¿Esa Marilyn?

–No. Me lavaré la cara al llegar al hotel.

–¡Ja, ja, ja! ¡Dice que se lavará la cara! ¿Por qué no te vienes con nosotras?

–Necesito un taxi o, mejor, un autobús.

–Yo tengo un coche y puedo llevarte.

La chica que ha hablado viste un traje de payaso[7] y se ríe con su enorme boca pintada.

Teodoro respira tranquilo. «Ella al menos no cree que yo sea el camionero loco», piensa.

El coche de la chica es pequeño, de color rojo.

–No sé hasta dónde podremos llegar. Hoy se elige a la reina del Carnaval y las calles están llenas de gente. ¡Y, además, no tengo gasolina!

Teodoro ve al taxista que se acerca con un guardia.

–¡Date prisa!

La chica obedece. Vestida de payaso parece un chico.

–A ti te busca la policía. Esto es divertido.

III

EL coche se acerca a Santa Cruz por la carretera de Vista Bella. Se ven palmeras y, a lo lejos, unas montañas verdes que se pierden en el mar.

–¿Qué es aquello?

–El Monte de las Mercedes. Precioso, ¿verdad? ¿No has estado nunca?

–No. Acabo de llegar a la isla.

–¿Es la primera vez que vienes a Canarias?

–Sí. ¿Todas las islas son iguales?

–No. Para mí, Tenerife es la más bonita.

–Claro, porque tú eres de aquí. ¡Qué extraña es esa montaña tan grande, la que es un volcán apagado! ¿Cómo se llama, que no me acuerdo?

–El Teide. En la isla de Lanzarote la tierra todavía quema. Se puede calentar agua en ella. Allí sí parece que vives en un volcán.

–Pero algunas partes de Tenerife parecen un desierto...

–El desierto está en Fuerteventura. Allí hay camellos[8], dunas[9] enormes, playas sin gente...

–Eso necesito yo, una playa donde no haya nadie.

–En La Gomera vivirías como en los tiempos antiguos. Todavía hay campesinos que se comunican con un lenguaje de silbidos[10]. Y en El Hierro vivirías con los pescadores, casi como Robinson Crusoe.

–¿Y las otras islas?

–En Gran Canaria hay también muchos pescadores, pero hay más vida de noche. Y en La Palma están las plataneras más hermosas.

–¿Celebran el Carnaval en las otras islas?

–Sí, pero ningún Carnaval es como este. Las mejores comparsas[11] de las otras islas vienen aquí.

En las afueras de Santa Cruz, grupos cada vez más cerrados cortan la carretera.

–Mira a esa gente. Bajan de los barrios y ocupan la ciudad. Durante nueve días todos los hombres son iguales.

–¿Y crees que los extranjeros también pueden celebrar el Carnaval?

–¡Es imposible no hacerlo! Todo el mundo lo celebra. No importa quién sea, de dónde venga, en qué trabaje... Un camarero puede bailar toda la noche con una chica de buena familia, y una vendedora de pescado, vestida con un traje de seda y plumas[12], puede ser la estrella de la fiesta, la reina, la mujer con la que todos sueñan. Durante unos días todo cambia.

La gente rodea el coche. No pueden moverse hacia delante ni hacia atrás.

–¿Y ahora qué hacemos?

–Nada. Aparcaremos aquí mismo e iremos a pie. ¿Dónde está tu hotel?

–Está en la plaza de España, pero antes tengo que ir a buscar a Marilyn. Teníamos una cita a las cuatro de la tarde y son ya las seis y media.

–¿Dónde vive tu Marilyn?

–No sé.

–Pero si no lo sabes, ¿cómo la vamos a encontrar?

–Habíamos quedado en la oficina. No sé dónde vive, pero tengo la dirección de la oficina en este papel.

–La oficina estará cerrada. Todos los comercios están cerrados. Ya te he dicho que es fiesta.

–No puede ser. Ella espera hasta que yo llegue.

–Bueno, dime de una vez dónde está la oficina. Eres un pesado.

Le enseña un papel, y la chica lee la dirección.

–Calle del Castillo. Me lo temía. Está en el centro.

–Vamos deprisa.

–Veremos si con tanta gente podemos llegar al centro de la ciudad.

–¿Qué hago con mi maleta?

–Déjala en el coche.

IV

LA gente no los deja pasar. Hay disfraces de todas las clases: de animales, de policías y ladrones, de romanos[13], de reinas egipcias[14] y actrices famosas, de gitanos y soldados. Algunas chicas parecen enormes pájaros de colores. Todo está envuelto en un gran ruido de música y tambores.

–Eso son las comparsas –dice la chica– que van a encontrarse en la gran fiesta. Intentaremos cruzar por esta calle.

Pero cuando van a cruzar, el desfile[15] de la comparsa les corta el camino. Es como un cuadro lleno de color, de alegría y de belleza. Teodoro nunca ha visto esa forma de bailar, con la música nerviosa de los tambores. Él también se pone a bailar sin querer.

–¡Eh, tú! ¡Dijiste hace un rato que no tenías ganas de fiestas!

–Es verdad. Perdona. No sé qué me ha pasado.

–Lo mismo que a todos. El Carnaval se ha metido dentro de ti. En las islas vivimos todo el año tranquilos, y estos días no hacemos otra cosa que *vacilar.*

–¿*Vacilar?* ¿Qué quiere decir?

–Esto que estamos haciendo tú y yo: bailar, tomar copas[16] con el primero que encuentras...

–¡Tenemos que intentar llegar a la oficina por otra calle! ¡Ven! Por cierto, ¿cómo te llamas?

–¿Yo? ¡Candelaria!

–¿Cande... qué?

–Candelaria es el nombre más corriente en Tenerife. La Virgen de la Candelaria[17] es nuestra patrona[18].

–Me será difícil aprender una palabra tan larga. ¡Salgamos por aquellos jardines!

Teodoro lleva a Candelaria de la mano. Intenta abrirse camino a través de los disfraces que los envuelven con sus plumas y sus sedas. Finalmente llegan hasta la calle del Castillo.

–¿En qué número está la oficina?

–En el 70.

La puerta del número 70 está cerrada.

–¿Lo ves? Ya te lo decía yo. ¿Y ahora qué hacemos?

–Vamos al hotel. Voy a intentar hablar con ella por teléfono.

–Tú estás loco. Tu hotel está cerca de la plaza de España, y allí se encuentran las comparsas y se elige a la reina de la fiesta. No podrás llegar allí en toda la noche.

–¿Qué puedo hacer?

–Ven a mi casa. Te pintaré la cara y te disfrazaré de verdad. Vivo cerca de aquí.

–¿Y después?

–Después nos iremos a *vacilar*.

Teodoro se ríe feliz. Ya no le importa haber perdido a Marilyn ni que piensen que es un camionero loco. Ya no le importa encontrarse en la calle sin saber dónde dormirá esta noche.

Su brazo derecho pasa por encima del hombro de la chica.

–Me gusta ir contigo a *vacilar, Calendaria*.

–¡Ja, ja, ja! ¡Calendaria! Yo no soy un calendario[19]. Mi nombre es Can-de-la-ria.

–Can-de-la-ria.

–Eso es. ¡Muy bien!

–Pero sería más fácil para mí llamarte solo Candela. Es más corto. Vamos a tu casa. ¿Está cerca de aquí?

–Sí, en la calle de la Rosa.

V

SE abren camino entre la gente. Tardan más de media hora en andar doscientos metros. En la casa no hay nadie. Candelaria vive con una hermana, que ha salido a la fiesta.

–¿Cuántos hermanos sois?

–Siete. Los otros cinco viven con mis padres.

–¿Dónde está el cuarto de baño?

–Es esa puerta al fondo del pasillo.

–¿Puedo ducharme?

–Claro que sí. Pero dentro de un rato te pintaré completamente la cara.

–No importa. Necesito una ducha fría para descansar de tantas emociones.

–¿Ya no piensas en trabajar?

–¡Adiós al trabajo! Pero debo encontrar a Marilyn.

Mientras se ducha, canta una canción que aprendió en un viaje al Caribe:

Ansiedad [20]
de tenerte en mis brazos
suspirando
palabras de amor...

Ya no se acuerda de que pocas horas antes lo buscaban como a un ladrón. Cuando sale del baño, fresco y oliendo a limpio, oye a Candelaria hablar por teléfono.

–Sí, estoy con un amigo. ¿Y a usted qué le importa?

–...

–No se preocupe. Es mi problema. Sí, sí, gracias.

Cuelga el teléfono. Teodoro, envuelto en una toalla, se acerca y le dice suavemente.

–¿Qué ocurre, Candelaria? ¿Tienes problemas por mi culpa?

–No te preocupes. No pasa nada. ¡Vamos a preparar tu disfraz!

Es una chica fuerte y enérgica. En pocos minutos le ha pintado la cara de tal forma que nadie lo reconocería. Tiene el aspecto de un hombre de negocios maduro, con el pelo gris. Parece un hombre de cincuenta años, y Teodoro solo tiene treinta. Cuando se mira en el espejo, ni él mismo se reconoce.

–¡Eres una artista, Candela!

–Ven. Te falta la corbata. Y la cartera. Y unas gafas para hacerte más interesante. Y vamos a limpiar tus zapatos. ¡Ah!, y un paraguas inglés y un sombrero.

–¿Pero tú tienes un sombrero de hombre?

–Sí, de una vez que me disfracé de Charlot.

Cuando ha terminado, Teodoro parece un *gentleman* recién salido de la *City*[21].

–Estás estupendo –dice Candelaria.

–¿Con quién hablabas por teléfono?

–Con la portera. Siempre se mete en todo. Vigila a todo el mundo.

–¿Y qué?

–Nos ha visto entrar. Dice que buscan a un hombre alto y rubio, un camionero, y cree que puedes ser tú.

—¿Pero tú crees que ahora, vestido de esta manera, pensarán que soy ese loco?

—No, Teodoro, no lo creo. No te pongas nervioso.

VI

VUELVEN a salir a la calle. Teodoro vestido de hombre de negocios y Candelaria vestida de payaso hacen una pareja divertida.

Los músicos tocan cada vez más alto. Todo el mundo canta y baila. Con muchos problemas, Teodoro y Candelaria llegan a la plaza de España, donde van a elegir a la reina del Carnaval.

Las chicas del desfile llevan enormes sombreros, en forma de castillos, de cestos de frutas, de alas de pájaro. Se mueven siguiendo la música, pero sus disfraces son tan pesados que casi no pueden andar. Teodoro no deja de mirarlas encantado. Candelaria se da cuenta y empieza a sentir envidia.

–Esa chica, en realidad, no es tan guapa, pero ¡va tan pintada!

Pero a Teodoro no le importa. Todo lo que ve esta noche le parece maravilloso. No solo las chicas sino también los árboles, y las luces del puerto, el mar, y las estrellas del cielo.

–¿Tú crees que estoy soñando, Candela?

Ella lo coge de la mano para que vea que no está soñando. Una rondalla[22] canta la canción del Carnaval:

Carnaval, Carnaval,
es la fiesta que nombre nos da.
Carnaval, Carnaval,

«Os saludo a vosotros, que vivís en nuestra ciudad, y a las gentes que nos visitan.
Que seáis todos felices.»

> *a extranjeros envidia les da.*
> *Pero aquí, pero aquí,*
> *ya se nace con él,*
> *nunca lo aprenderán*
> *en la Universidad.*
> *Carnaval, Carnaval,*
> *es lo poco que nos queda ya,*
> *Carnaval, Carnaval,*
> *eso nunca se lo llevarán.*
> *Está aquí, está aquí, está aquí,*
> *y en el mundo no hay nada igual.*

El alcalde invita a todos a la fiesta:

«Os saludo a vosotros, que vivís en nuestra ciudad, y a las gentes que nos visitan. A todos aquellos que vienen a dormir a nuestros portales y a pasear por nuestras madrugadas[23]. En la ciudad del Carnaval de Europa y como alcalde de sus habitantes, mando:

Que se llenen las calles. Que nos divirtamos los unos y los otros. Que nadie pelee con su hermano disfrazado, que el Carnaval es tiempo de reír, y no de odiar. Que el calor de los jóvenes y el fuego del vino se unan en la pasión del baile. Que seáis todos felices. Que en la madrugada hayamos hecho el Carnaval más grande de Europa.

¡Comienza el Carnaval! Llenemos de color los rincones de Santa Cruz. Que salgan los disfraces, y las máscaras[24], y los habitantes de la ciudad de la alegría. Que nadie moleste al pueblo que se divierte.

Yo, Manolo, el Alcalde».

Teodoro se siente feliz, como quiere el alcalde. Perdona a todos los que le han hecho vivir la aventura del día. ¡Qué suerte haber conocido a Candela! Pero en ese momento, alguien le toca el hombro. Es un guardia.

VII

Eh, usted, venga con nosotros.

—¿Yo? No soy un camionero. Soy un ingeniero. No un camionero.

—Lo hemos reconocido a pesar del disfraz, y usted es un peligro público.

—Yo...

—¡Conducir en dirección contraria por una autopista! O está borracho o completamente loco.

—Pero, por favor, mire mi pasaporte.

El guardia mira despacio el pasaporte de Teodoro. Luego lo mira a él con atención. Vuelve a mirar la foto y le pasa el pasaporte a su compañero.

—Oye, parece que es cierto. Este hombre es un ingeniero sueco[25], un turista.

—¡Sueco! ¿Has dicho que es sueco? ¡Entonces nos va a ayudar!

—¡Claro! Es la persona que necesitamos.

—Tenemos un problema en la autopista y usted puede ayudarnos. Hay un camión en medio de la carretera. Tenemos que quitarlo de allí y nosotros no sabemos cómo funcionan las grúas[26]. Además, esta es sueca. Los empleados se han ido de fiesta, como todo el mundo, claro. En estos días es imposible trabajar, nada funciona. Si usted es ingeniero, y sueco, quizá pueda ayudarnos.

—Voy con ustedes. Haré lo que pueda. ¿Puede venir la chica?

—Claro que sí. Pero iremos un poco incómodos en el coche.

Suben al coche de la policía. La gente se aparta cuando pasan.

VIII

NUNCA había ido en un coche de la policía. ¡Qué emoción! –dice Candelaria.

–Yo tampoco –dice Teodoro–. La verdad es que en el día de hoy me han ocurrido más cosas que en toda mi vida.

–Eso es porque estás en las Canarias, las islas encantadas. Aquí estuvo la Atlántida, ¿sabes?

–¿La Atlántida?

–Sí, una tierra que se perdió en el mar y nunca se ha vuelto a encontrar.

–Como la isla de San Borondón.

–Más o menos.

–Tienes que contarme otras leyendas de las islas.

–Sí. Te lo prometo. Esta noche. O esta madrugada.

–Mejor. Las leyendas se cuentan cuando sale el sol.

El coche de la policía ha conseguido llegar hasta la autopista que lleva al aeropuerto. Una vez allí, ya puede correr hacia el lugar del accidente.

Al llegar a un puente, el coche se para de pronto.

–Ahí está la grúa. Y allí el camión que nos está dando tantos dolores de cabeza.

–Vamos a ver. ¿Pueden prestarme unos guantes?

–Sí, claro.

–Bueno. Que dos hombres comprueben que el camión está bien agarrado a la grúa.

–Está comprobado, señor.

–Que lo comprueben otra vez.

–Eres estupendo, Teodoro. Por cierto, ¿cuál es tu apellido?

–¿Cuál es mi apellido?

–Sí, hombre. Cuál es tu segundo «nombre», como decís vosotros.

–¿Mi segundo nombre? Lo he olvidado.

–No seas tonto. Dímelo.

–¡Borondón! ¡Ese es mi apellido! ¡Teodoro Borondón! Desde ahora me llamaré así.

–Pues me gusta, ¿sabes? Me gusta tu nombre y me gustas tú, Teodoro Borondón.

El payaso sube a la grúa seguido de un hombre de la *City* con sombrero, paraguas y la cara pintada.

Teodoro Ullmann empieza a dar órdenes desde lo alto de la grúa.

–Más arriba. Más a la izquierda. ¡Despacio, despacio! ¡Ahora hacia la derecha!

La grúa comienza a moverse. Enseguida levanta el camión. Ahora parece que no pesa nada. Suavemente lo vuelve a dejar en el suelo, al lado de la carretera.

–Tendrán que venir a buscarlo con otra grúa más grande. Pero por lo menos ya no molesta.

Los guardias dejan pasar, lentamente y con orden, la enorme cola de coches que esperaba para entrar en la ciudad. Hay gente que saluda sacando sus pañuelos por las ventanillas.

–¡Gracias! –dicen.

–¡Hoy es la fiesta de San Borondón! –dice Teodoro, feliz desde lo alto de la grúa.

Candelaria le da un beso.

–Eres maravilloso, Teo. ¿Volvemos a la fiesta?

–Sí. Ayúdame a bajar.

Los policías quieren invitarlo a una copa, pero él prefiere que lo lleven de nuevo a la plaza de España.

–Quiero ver la fiesta. Mañana beberé la copa.

IX

OTRA vez en el coche de la policía vuelven al centro de la ciudad. Ahora se presenta ante el público la última candidata[27] a reina de las fiestas.

—Mira qué traje más maravilloso —dice Candelaria—. Le ha costado más de seis mil euros. Muchas familias se pasan cinco meses trabajando para poder tener un traje de Carnaval así de bonito.

—Ahora entiendo que cueste tanto dinero.

—Y con tanta tela pesa muchísimo. A veces llevan un aparato para mover la cola del traje.

—Qué interesante. Mi empresa podría abrir un negocio de aparatos para trajes de Carnaval.

—No te rías de nosotros. El traje de las candidatas a reina es lo más importante que hay para ellas, el sueño de su vida.

—¿Y para qué sirve?

—Para nada. Para llevarlo una semana. Cuando pasen las fiestas, todo el mundo volverá a su vida normal. Una vida gris, como la tuya y la mía.

—Nuestra vida no es gris, Candela. Ya no será gris.

—Es muy bonito eso que dices.

Otro beso.

—Voy a seguir diciendo cosas bonitas para que me des más besos.

Muchas familias se pasan cinco meses trabajando para poder tener un traje de Carnaval así de bonito.

Cuando ya han pasado dos horas de música y bailes, dicen el nombre de la reina del Carnaval. La chica que ha ganado tiene un traje maravilloso, lleno de oro, de plumas de todos los colores. Encima de la cabeza lleva un sol con muchas lucecitas que brillan en la noche. Parece un rey azteca[28]. La presentan al público y todo el mundo grita con entusiasmo. En el cielo parece que hay un incendio. Son los fuegos artificiales[29].

De pronto, Teodoro se lleva las manos a la cabeza.

—¡Pero si es Marilyn! ¡Eh, Marilyn! ¡¡Marilyn!!

La música y la alegría de la gente apagan sus gritos.

—¡Anda! –dice Candelaria–. ¿Estás seguro de que es ella?

—¡Segurísimo! Tenemos que acercarnos hasta allí, tengo que hablar con ella.

—Imposible, Teodoro. Tú solo pides cosas imposibles.

—También era imposible sacar de la autopista el camión y lo hemos hecho.

Intentan pasar empujando. Pero cuando van a llegar cerca de Marilyn, una *murga* les cierra el camino. Las murgas se dedican a cantar y tocan instrumentos de papel, latas, peines... Cualquier cosa vale para hacer un instrumento musical... excepto los instrumentos musicales.

La gente los empuja hacia un bar, donde unos señores disfrazados con trajes típicos japoneses los invitan a tomar algo. Todo el mundo quiere pagar una copa a los demás.

—Acabaremos todos borrachos –dice Teodoro.

—Salgamos a tomar el aire.

En ese momento se ve la luz de un relámpago y se oye un trueno más fuerte que todos los tambores juntos. Cuando pisan la calle se pone a llover. Pero a los que bailan no les asusta la lluvia. Al contrario, bailan con más pasión, dan vueltas para recibir el agua en todo el cuerpo y algunos hasta saltan en los charcos.

La lluvia dura poco más de diez minutos. No se sabe cómo, las calles se encuentran más vacías. ¿Dónde se ha escondido tanta gente? El ruido también ha parado de momento.

X

TEODORO y Candelaria caminan hacia la plaza de España. En el jardín de Santa Elena, sentada en un banco de madera, llora una mujer. Su traje era de papel y, por culpa de la lluvia, casi ha desaparecido. No quedan de él más que algunos trozos de papel mojados y sin color que apenas sirven para ocultar su cuerpo. Tiene frío.

–¡Marilyn!

Teodoro ha reconocido a la reina de las fiestas, a esa chica que dos horas antes brillaba por su gran belleza en la plaza y era el centro de atención de todo el pueblo de Santa Cruz.

Ahora es un muñeco de trapo, un pobre pájaro con las plumas mojadas, que ha perdido la luz, el color y las ganas de volar.

Candelaria deja a Teodoro solo con Marilyn. Él se sienta a su lado en el banco de madera. Marilyn no para de llorar.

–Te he buscado durante todo el día. Te han elegido reina de las fiestas. Tienes que estar contenta.

–¡Mira cómo me ha puesto la lluvia! ¡Odio la lluvia! ¡Márchate de aquí! ¡No quiero ver a nadie!

–Pero ¿sabes quién soy? Soy Teodoro Ullmann y acabo de llegar de Estocolmo. ¿No te acuerdas?

–No. No esperaba a nadie. No he ido a la oficina desde hace dos semanas.

–¿No has recibido mi telegrama?

–No. Pero ¿cómo sé que me dices la verdad? En Carnaval todo es mentira.

–Así que durante dos semanas nadie se ha ocupado de la oficina...

–¿Y a ti qué te importa? Estaba haciendo mi traje para la fiesta.

–Mira en qué ha quedado tu traje. Y sin ese traje, ¿qué eres?

Ella lo mira con una sonrisa tonta.

–¿Que quién soy? ¡Soy la reina de las fiestas a pesar de todo!

–Sí, pero por tu culpa hemos perdido el contrato[30] más importante de nuestra empresa.

–¡A mí qué me importa la empresa!

–Adiós, reina de papel. Creo que no volveré a verte.

XI

CANDELARIA espera a Teodoro al pie de una palmera.

–No le has dado un beso... –dice ella.

–No. Pero me da pena. Y yo también me doy pena.

–¿Por qué?

–Porque no sé quién soy. Voy vestido de hombre de negocios y he vivido como un hombre de negocios. No sé si voy disfrazado, o si soy un hombre de negocios.

–Eres Teodoro Borondón, tú mismo lo has dicho.

–Es verdad, Candela. Soy una isla que aparece y desaparece. Ahora la isla desaparece y se encuentra con...

–Con un payaso.

–Tú.

Ahora Teodoro se agarra con todas sus fuerzas al cuerpo cálido y suave de Candelaria. Siente que se unen en aquel abrazo.

–¿Sabes? –dice ella–. Hay una leyenda de la isla de La Gomera que habla de los amores de Gara y Jonay. Gara era la reina del Lugar del Agua y Jonay venía de la Tierra del Fuego. Gara y Jonay, agua y fuego. No podía ser. El fuego se apaga con el agua. El agua se pierde con el fuego. Imposible su unión. Aquel amor era imposible. Ocurrirían grandes males si seguían viéndose. El gran volcán de Tenerife, que entonces se llamaba Echeyde, y hoy lo llamamos Teide, arrojaba lava y fuego. Los padres se llevaron a Gara lejos de Jonay, y el volcán se calmó.

–¿Qué pasó entonces?

–Los dos jóvenes se querían y consiguieron verse en secreto. Gara, la reina del Lugar del Agua, y Jonay, rey de la Tierra del Fuego, buscaron juntos la muerte. Colocaron entre sus pechos una rama de árbol que cortaba como un cuchillo. Luego, mirándose a los ojos, se unieron en un abrazo, sintiendo cómo la rama rompía sus corazones. Así ya nadie pudo volver a separarlos.

–Es muy triste...

–No, porque con su abrazo, el agua y el fuego se unieron gracias al amor de los dos.

En ese momento un montón de gente rodea los jardines, y de nuevo, por toda la ciudad, el aire se llena de las músicas de las rondallas y las canciones de los coros[31].

–¡Es la fiesta! ¡Vamos a bailar!

Corren entre la gente. El cielo se enciende con fuegos artificiales. El puerto de Santa Cruz brilla con mil luces y parece que en la noche todo es alegría.

–Candela, ¿querrás trabajar conmigo?

–¿Trabajar? ¿Quién piensa ahora en trabajar? Y además, ¿qué sabes tú quién soy? Solo conoces mi nombre, y, pobrecito, no lo dices muy bien. Vamos a bailar.

XII

TEODORO se deja llevar a una fiesta de amigos de Candelaria, donde bailan hasta la madrugada. En un sofá, Teodoro se duerme y cuando se despierta ya es mediodía.

—Debo salir en un avión esta tarde. Y ni siquiera he ido al hotel.

—¿Para qué vas a ir al hotel? Seguramente está cerrado. Todo está cerrado.

—¿Y cómo iré al aeropuerto?

—Yo te llevaré al autobús.

—Y me voy sin contrato...

—Pero vendrás otra vez a las islas. Te llevaré a Lanzarote, a La Palma, a Fuerteventura, a Gran Canaria... Veremos el sol, la luna, el viento, las dunas, los camellos... Será como otro sueño. Tienes que volver, sabes que te esperamos.

Cuando llegan a la estación de autobuses, se encuentran de nuevo con un policía.

—¡Señor Ullmann! ¡Acérquese, por favor!

—¡Oh, no! Otra vez problemas...

Pero esta vez la policía no viene para llevárselo a la cárcel. Ya saben que no ha hecho nada malo. El guardia, sonriente, solo quiere darle las gracias por su ayuda en nombre del alcalde. Le ofrece un recuerdo de la isla: un libro de bellísimas fotos.

—Pronto vendrás otra vez a las islas. Veremos el sol, la luna, el viento, las dunas, los camellos... Será como otro sueño.

–Vuelva por aquí. Todavía no se han acabado las sorpresas para usted.

–¿Más sorpresas?

–Sí, pero no se asuste. Nuestro alcalde quiere comprar nuevas grúas. Usted puede venir a presentar las que fabrica su empresa.

–¡Estupendo! No me lo puedo creer, al final todo está saliendo bien. Esta isla es maravillosa.

Media hora más tarde, Teodoro se encuentra en el autobús que va al aeropuerto. Candelaria le dice adiós con la mano.

El autobús empieza a andar. Atrás se quedan Candelaria, el alcalde, los policías, y todo el pueblo, que seguirá bailando varios días sin descanso. Teodoro está cansadísimo. Tiene mucho sueño. Antes de quedarse dormido, ve una película sobre los parques naturales de las islas Canarias:

–«Tenerife es luz y color..., una joya que nos sorprende en todo momento...»

Teodoro cierra los ojos. Piensa en Candelaria vestida de payaso. Piensa en que pronto la verá de nuevo. ¿Cómo será sin su disfraz de payaso? Comienza a imaginarla y se queda dormido.

–¡Eh, señor! –lo despierta la voz del vecino de asiento–, despierte. Estamos en el aeropuerto de Tenerife. Va a perder el avión.

Abre un ojo y ve el mar. Abre otro ojo y ve la arena del desierto. Se mete las manos en los bolsillos y se pone a cantar. No se acuerda de que lleva la cara pintada. La gente lo mira. Él es feliz, tan feliz como el sol que brilla en la entrada del aeropuerto.

ACTIVIDADES

Antes de leer

1. La historia que vas a leer transcurre en las islas Canarias. ¿Qué sabes sobre estas islas? Antes de comenzar a leer, señala si son verdaderas (V) o falsas (F) las siguientes afirmaciones y corrige las falsas.

Parque Nacional del Teide, Tenerife.

a. Las islas se encuentran en el mar Mediterráneo. ☐

b. Son en total siete islas mayores. ☐

c. La capital de la comunidad autónoma es Las Palmas de Gran Canaria. ☐

d. En Tenerife se encuentra el Teide, la montaña más alta de España. ☐

e. La temperatura media durante todo el año es de unos 20º C. ☐

f. El Carnaval es una fiesta popular que se celebra en agosto. ☐

2. El protagonista de la historia llega a Canarias cuando comienza el Carnaval. ¿Conoces algunos términos relacionados con esta fiesta? Intenta completar las siguientes oraciones con estas palabras.

> rondallas   comparsa   disfrazarse   coro
> máscaras   desfile   fuegos artificiales

a. El _____ es un grupo de personas que cantan juntas.

b. Los _____ son cohetes lanzados al cielo que producen explosiones y luces de colores.

c. La gente durante el Carnaval se cubre la cara con _____ .

d. _____ es vestirse de otra persona o animal o ponerse ropa de otros tiempos o países.

e. Las _____ son grupos de personas que tocan música y cantan por las calles.

f. La _____ es un grupo de personas que van vestidas con los mismos disfraces.

g. El _____ es un conjunto de personas que marchan ante un público juntos y en orden, unos detrás de otros.

Durante la lectura

Capítulo I

3. (1) Antes de leer el capítulo, escúchalo e intenta responder a las preguntas.

1. Teodoro parece una persona:
   a. perezosa e irresponsable.
   b. obsesionada por su trabajo.
   c. juerguista y derrochador.

2. Durante el viaje en el autobús, Teodoro:
   a. piensa ir a conocer la isla de San Borondón.
   b. lee un folleto sobre las islas Canarias.
   c. se vuelve a dormir.

3. El autobús está parado porque:
   a. han tenido un accidente.
   b. la policía quiere hablar con Teodoro.
   c. la circulación está interrumpida.

4. Algunos viajeros del autobús:
   a. creen que Teodoro es el culpable.
   b. tienen miedo de Teodoro.
   c. quieren llamar a la policía.

5. Finalmente, Teodoro:
   a. decide ir a hablar con la policía.
   b. baja del autobús y va caminando a la ciudad.
   c. coge un taxi para llegar a la ciudad.

4. Ahora, lee el capítulo y comprueba tus respuestas.

Tenerife.

5. Completa las siguientes afirmaciones con la forma verbal adecuada. Después, señala si son verdaderas (V) o falsas (F) y corrige las falsas.

	es	está		
	☐	☐	a. sueco	☐
	☐	☐	b. caminonero	☐
	☐	☐	c. asustado	☐
	☐	☐	d. un turista	☐
Teodoro	☐	☐	e. en el autobús	☐
	☐	☐	f. alto y moreno	☐
	☐	☐	g. inocente	☐
	☐	☐	h. cansado	☐
	☐	☐	i. disfrazado por los viajeros	☐
	☐	☐	j. confundido con otra persona	☐

39

Capítulo II

6. ② Antes de leer el capítulo, escúchalo y ordena los hechos.

a. Teodoro llega al centro de la ciudad. ☐

b. El taxista confunde a Teodoro con el camionero. ☐

c. Teodoro pregunta a una mujer cómo encontrar un taxi. 1

d. Teodoro explica con quién se va a encontrar en Santa Cruz. ☐

e. Una chica se ofrece a llevar a Teodoro en su coche. ☐

f. Las chicas invitan a Teodoro a irse con ellas. ☐

g. Teodoro corre por las calles. ☐

h. El taxista se acerca con un guardia. 10

i. Tres chicas se acercan a Teodoro. ☐

j. Teodoro llama a un taxi. ☐

7. Ahora, lee el capítulo y comprueba tus respuestas.

Capítulo III

8. ③ Antes de leer el capítulo, escúchalo y elige el SMS que Teodoro podría enviar a Marilyn.

a) Tengo problemas para llegar a la oficina porque hay mucha gente en la calle. No puedo ir en coche, intentaré llegar andando.

b) No encuentro la dirección de tu casa. Voy a pasar por el hotel y luego voy a buscarte a la oficina.

c) No puedo llegar a la oficina. He tenido que dejar el coche, hay demasiada gente en la calle. Me voy a la fiesta, nos vemos mañana.

9. Ahora, lee el capítulo y comprueba tus respuestas.

10. En este capítulo se describen brevemente las islas Canarias, ¿puedes relacionar cada una de las islas con su foto correspondiente?

1. Tenerife

2. Fuerteventura

3. La Gomera

4. El Hierro

5. Gran Canaria

6. La Palma

7. Lanzarote

11. Imagina que trabajas en una agencia de viajes, ¿qué isla recomendarías a cada uno de estos clientes?

a. Un biólogo   _____

b. Un geólogo   _____

c. Un antropólogo   _____

d. Un chico joven con ganas de fiesta   _____

e. Un aficionado a la pesca   _____

f. Una persona que busca tranquilidad   _____

g. Una persona que quiere conocer el Carnaval   _____

Capítulo IV

12. ④ Antes de leer el capítulo, escúchalo, señala si las siguientes afirmaciones son verdaderas (V) o falsas (F) y corrige las falsas.

    a. Teodoro se pone a bailar contagiado por la fiesta. ☐

    b. Los habitantes de Canarias se pasan todo el año de fiesta. ☐

    c. Candelaria es un nombre poco frecuente en Canarias. ☐

    d. La oficina que busca Teodoro está cerrada. ☐

    e. Teodoro está muy preocupado porque no ha encontrado a Marilyn. ☐

    f. Teodoro decide ir a casa de Candelaria para disfrazarse. ☐

13. Ahora, lee el capítulo, comprueba tus respuestas y corrige las afirmaciones falsas.

14. Teodoro está cambiando, ¿cómo podemos entender ese cambio? Relaciona los fragmentos del capítulo con lo que le pasa a Teodoro.

En el texto dice…

a. Teodoro se ríe feliz.

b. Su brazo derecho pasa por encima del hombro de la chica.

c. «No sé qué me ha pasado».

d. Él también se pone a bailar sin querer.

e. «Me gusta ir contigo a *vacilar*».

f. Ya no le importa haber perdido a Marilyn ni que piensen que es un camionero loco.

g. Ya no le importa encontrarse en la calle sin saber dónde dormirá esta noche.

Lo que le pasa a Teodoro es que…

1. Siente ganas de bailar.

2. Se da cuenta de que ha cambiado y no sabe a qué se debe.

3. Está contento.

4. Se siente relajado.

5. No le preocupa el futuro.

6. Siente más confianza con la chica.

7. Le gusta la compañía de la chica.

Capítulo V

15. ⑤ Antes de leer el capítulo, escúchalo y elige la foto que mejor representa el disfraz de Teodoro.

ⓐ  ⓑ

ⓒ

16. Ahora, lee el capítulo y comprueba tus respuestas.

17. Relaciona cada personaje con las afirmaciones que mejor lo describen.

	a. Está desconcertado.
Candelaria	b. Es una cotilla.
Teodoro	c. Es una persona decidida.
La portera	d. No le importa lo que piensen los demás.
	e. Ha cambiado de actitud.

Capítulo VI

18. ⑥ Antes de leer el capítulo, escúchalo y completa estas oraciones.

a. Teodoro y Candelaria se dirigen a la plaza de España porque...

b. Teodoro mira a las chicas del desfile y Candelaria...

c. Teodoro se siente feliz y Candelaria le coge la mano para...

19. Ahora, lee el capítulo y comprueba tus respuestas.

20. Completa las siguientes oraciones con el tiempo verbal adecuado y marca aquellas que dice el alcalde a los habitantes de la ciudad.

El alcalde de la ciudad quiere que los vecinos y visitantes:

a. (bailar) ———————————. ☐

b. (reírse) ——————————— mucho. ☐

c. no (ensuciar) ——————————— las calles. ☐

d. no (dormirse) ——————————— en los portales. ☐

e. no (molestar) ——————————— al pueblo vecino. ☐

f. (divertirse) ——————————— con los demás. ☐

g. (conducir) ——————————— con cuidado. ☐

h. no (pelearse) ——————————— con nadie. ☐

i. (volver) ——————————— a sus casas antes de las doce. ☐

Capítulo VII

21. ⑦ Antes de leer el capítulo, escúchalo y contesta a las preguntas.

1. Los guardias se dirigen a Teodoro porque:
   a. necesitan a alguien para dirigir la grúa.
   b. están buscando a un sueco.
   c. creen que es el camionero que ha causado un accidente.

2. La policía necesita ayuda porque:
   a. hay una grúa averiada.
   b. no pueden quitar un camión de la carretera.
   c. hay que dirigir unas obras y no tienen ingeniero.

3. Finalmente, Teodoro:
   a. demuestra su inocencia y se va con Candela.
   b. decide ir a ayudar a los policías.
   c. es detenido por la policía.

22. Ahora, lee el capítulo y comprueba tus respuestas.

Capítulo VIII

23. Antes de escuchar el capítulo, intenta ordenar la siguiente conversación entre Teodoro y Candelaria.

Parque Natural del Archipiélago de Chinijo, Lanzarote.

a. Eso es porque estás en las Canarias, las islas encantadas. Aquí estuvo la Atlántida, ¿sabes? ☐

b. Sí, una tierra que se perdió en el mar y nunca se ha vuelto a encontrar. ☐

c. Yo tampoco. La verdad es que en el día de hoy me han ocurrido más cosas que en toda mi vida. ☐

d. Como la isla de San Borondón. ☐

e. Sí. Te lo prometo. Esta noche. O esta madrugada. ☐

f. Más o menos. ☐

g. Nunca había ido en un coche de la policía. ¡Qué emoción! 1

h. ¿La Atlántida? ☐

i. Tienes que contarme otras leyendas de las islas. ☐

j. Mejor. Las leyendas se cuentan cuando sale el sol. 10

24. (8) Ahora, escucha el capítulo y comprueba tus respuestas.

25. Lee el capítulo y relaciona lo que siente cada personaje.

Teodoro		admiración.
Candelaria	siente	satisfacción.
La gente		agradecimiento.

45

Capítulo IX

26. ⑨ Antes de leer el capítulo, escúchalo, señala si las siguientes afirmaciones son verdaderas (V) o falsas (F) y corrige las falsas.

   a. Se puede tardar meses en hacer un traje de reina de Carnaval. ☐

   b. Los trajes tienen que ser ligeros para poder bailar. ☐

   c. Para algunas chicas el traje de reina de Carnaval es un sueño. ☐

   d. Teodoro se muestra pesimista ante el futuro. ☐

   e. La fiesta de la elección de reina es muy colorista. ☐

   f. Teodoro encuentra a Marilyn entre los espectadores. ☐

   g. Teodoro y Candelaria entran en un bar sin quererlo. ☐

   h. Una pequeña tormenta hace que la gente desaparezca de las calles. ☐

27. Ahora, lee el capítulo, comprueba tus respuestas y corrige las afirmaciones falsas.

Capítulo X

28. ⑩ Antes de leer el capítulo, escúchalo y completa estas oraciones.

   a. La mujer que está en el jardín está llorando porque…

   b. Marilyn no ha ido a la oficina durante las dos últimas semanas porque…

   c. Teodoro decide que no volverá a ver a Marilyn porque…

29. Ahora, lee el capítulo y comprueba tus respuestas.

30. Después de leer el capítulo, señala los adjetivos que describen a Marilyn.

   ☐ presumida ☐ seria ☐ maleducada ☐ amable
   ☐ irresponsable ☐ trabajadora ☐ antipática ☐ madura
   ☐ infantil ☐ responsable ☐ superficial ☐ egocéntrica

Capítulo XI

31. Antes de escuchar el capítulo, intenta completar la siguiente conversación entre Teodoro y Candelaria.

    –No le has dado un (a) —————————… –dice ella.

    –No. Pero me da pena. Y yo también me doy (b) —————————.

    –¿Por qué?

    –Porque no sé (c) ————————— soy. Voy vestido de hombre de negocios y he vivido como un hombre de negocios. No sé si voy (d) —————————, o si soy un hombre de (e) —————————.

    –Eres Teodoro Borondón, (f) ————————— mismo lo has dicho.

    –Es verdad, Candela. Soy una isla que aparece y desaparece. Ahora la isla (g) ————————— y se encuentra con…

    –Con un (h) —————————.

    –Tú.

32. (11) Ahora, escucha el capítulo y comprueba tus respuestas.

33. Lee el capítulo e intenta contestar a las preguntas.

    a. ¿Por qué tiene dudas Teodoro?

    b. ¿Por qué crees que Candelaria le cuenta esa leyenda?

    c. ¿Cómo crees que terminará esta relación?

Parque Nacional
de Garajonay,
La Gomera.

Capítulo XII

34. ⑫ Antes de leer el capítulo, escúchalo, señala si las siguientes afirmaciones son verdaderas (V) o falsas (F) y corrige las falsas.

Macizo del Teno, Tenerife.

a. Teodoro va a pasarse por el hotel antes de ir al aeropuerto. ☐

b. Candelaria llevará a Teodoro en su coche al aeropuerto. ☐

c. Candelaria invita a Teodoro a volver a las islas. ☐

d. Un policía quiere dar un regalo a Teodoro. ☐

e. El alcalde quiere hacer negocios con la empresa de Teodoro. ☐

f. Teodoro ha perdido el avión. ☐

35. Ahora, lee el capítulo, comprueba tus respuestas y corrige las afirmaciones falsas.

36. Hay unas oraciones del final del libro que ya han aparecido en el primer capítulo. ¿Sabes cuáles son? ¿Qué diferencias hay entre estas dos partes? ¿Qué crees que están expresando?

Después de leer

37. Imagina que Teodoro escribe un correo electrónico a su mejor amigo contándole lo que le ha sucedido. ¿Puedes escribir tú ese mensaje?

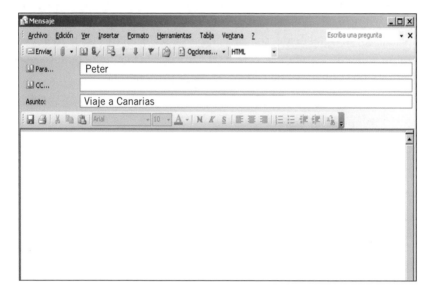

38. ¿Cómo crees que podría continuar la historia? Coméntalo con tus compañeros y elegid el final que más os guste.

39. Describe a tus compañeros alguna fiesta popular de tu país o ciudad. ¿Cuándo se celebra? ¿Por qué? ¿Dónde? ¿En qué consiste? ¿Cuánto tiempo dura? ¿Qué es lo que más te gusta de esta fiesta?

40. ¿Has estado alguna vez en Canarias, España? Busca información en Internet y organiza una semana de turismo allí. Esta página web puede ayudarte: www.canarias.es. Completa la información de la ficha.
    • Islas que te gustaría visitar.
    • Época en la que te gustaría ir.
    • Alojamiento.
    • Actividades que te gustaría realizar.
    • Lugares que te gustaría conocer.

SOLUCIONES

1. a) F (las islas Canarias se encuentran en el océano Atlántico); b) V (el archipiélago está integrado por siete islas y seis islotes); c) F (la capital es compartida por Santa Cruz de Tenerife y Las Palmas de Gran Canaria); d) V (el Teide, con una altura de 3718 metros, es la montaña más alta de España); e) V; f) F (el Carnaval es una fiesta popular que se celebra en el mes de febrero, antes de la Cuaresma).

2. a) coro; b) fuegos artificiales; c) máscaras; d) disfrazarse; e) rondallas; f) comparsa; g) desfile.

3. 1-b; 2-c; 3-c; 4-a; 5-b.

5. a) es, V; b) es, F (es ingeniero); c) está, V; d) es, F (viaja por trabajo); e) está, V; f) es, F (es alto y rubio); g) es, V; h) está, V; i) es, V; j) es, V.

6. 1-c; 2-a; 3-j; 4-b; 5-g; 6-i; 7-d; 8-f; 9-e; 10-h.

8. a.

10. 1-b; 2-a; 3-d; 4-f; 5-c; 6-g; 7-e.

11. a) La Palma; b) Lanzarote; c) La Gomera; d) Gran Canaria; e) El Hierro; f) Fuerteventura; g) Tenerife.

12. a) V; b) F (los habitantes de Canarias están tranquilos durante el resto del año); c) F (Candelaria es un nombre corriente en Tenerife); d) V; e) F (a Teodoro ahora no le importa haber perdido a Marilyn); f) V.

14. a-3; b-6; c-2; d-1; e-7; f-4; g-5.

15. b.

17. Candelaria: c, d; Teodoro: a, e; La portera: b.

18. a) van a elegir a la reina del Carnaval; b) se pone celosa; c) que sepa que no está soñando.

20. a) bailen; b) se rían; c) ensucien; d) se duerman; e) molesten; f) se diviertan; g) conduzcan; h) se peleen; i) vuelvan. Dice: a, b, f y h.

21. 1-c; 2-b; 3-b.

23. 1-g; 2-c; 3-a; 4-h; 5-b; 6-d; 7-f; 8-i; 9-e; 10-j.

25. Teodoro siente satisfacción; Candelaria siente admiración; La gente siente agradecimiento.

26. a) V; b) F (a veces los vestidos son tan pesados que tienen un aparato para mover la cola); c) V; d) F (piensa que sus vidas no serán grises nunca más); e) V; f) F (Marilyn es la reina elegida); g) V; h) V.

28. a) la lluvia ha estropeado su traje; b) estaba preparando su traje; c) va a ser despedida.

30. presumida, maleducada, superficial, irresponsable, antipática, egocéntrica e infantil.

31. a) beso; b) pena; c) quién; d) disfrazado; e) negocios; f) tú; g) desaparece; h) payaso.

33. a. Porque no sabe quién es en realidad y qué va a pasar en el futuro; b. Candelaria le cuenta la leyenda porque piensa que el amor puede romper barreras, que aunque ellos sean muy diferentes, pueden entenderse.

34. a) F (el hotel está cerrado); b) F (lo llevará hasta el autobús); c) V; d) V; e) V; f) F (un viajero lo despierta para que no pierda el avión).

36. En el primer capítulo dice: «Abre un ojo y ve el mar. Abre otro ojo y ve la arena del desierto. Hace sol».
    En el último capítulo dice: «Abre un ojo y ve el mar. Abre otro ojo y ve la arena del desierto. […] Él es feliz, tan feliz como el sol que brilla en la entrada del aeropuerto». Teodoro vuelve de su viaje diferente.

NOTAS

Estas notas proponen equivalencias o explicaciones que no pretenden agotar el significado de las palabras y expresiones siguientes, sino aclararlas en el contexto de *Carnaval en Canarias.*

m.: masculino, *f.:* femenino, *inf.:* infinitivo.

Carnaval en Canarias: el Carnaval es una fiesta popular que se celebra en el mes de febrero, antes de la Cuaresma. Los carnavales de las islas Canarias, el de Tenerife sobre todo, son los más importantes de España.

[1] **desierto** *m.:* lugar deshabitado por falta de agua y de vegetación, donde, por lo general, solo hay arena.

[2] **volcanes** *m.:* montañas de las que sale humo, fuego y **lava.**

[3] **leyenda** *f.:* relato tradicional, más cerca de la imaginación que de la realidad.

[4] **palmeras** *f.:* árboles típicos de países cálidos. Sus hojas son muy largas, de tres o cuatro metros, y su fruto son los **dátiles.**

[5] **plataneras** *f.:* campos plantados de plátanos (árboles que dan como fruta el plátano).

[6] **que se disfrace** (*inf.:* **disfrazarse**): que se vista de otra persona, o de un animal, o que se ponga ropas de otros tiempos o países para divertirse o para no ser reconocido.

[7] **payaso** *m.:* artista de circo que hace reír. El payaso típico va vestido con ropas extrañas (pantalones muy grandes y de muchos colores, zapatos enormes...) y lleva la cara pintada.

[8] **camellos** *m.:* animales que no necesitan beber agua en mucho tiempo. Por eso, se utilizan como animales de carga para viajar por el desierto.

[9] **dunas** *f.:* pequeñas montañas de arena.

[10] **silbidos** *m.:* sonidos agudos que se producen haciendo pasar con fuerza el aire por la boca con los labios colocados de cierta manera, ayudándose o no con los dedos.

[11] **comparsas** *f.:* grupos de personas que, en los días de Carnaval, van vestidas con disfraces de una misma clase.

[12] **plumas** *f.:* lo que cubre el cuerpo de los pájaros.

[13] **romanos:** de Roma.

[14] **egipcias:** de Egipto.

[15] **desfile** *m.:* conjunto de personas que marchan ante un público juntas y en orden, unas detrás de las otras.

[16] **tomar copas:** tomar bebidas con alcohol. «Ir de copas» consiste en ir por las noches con amigos de bar en bar a «tomar copas».

[17] **Virgen de la Candelaria** *f.:* en la tradición católica, la Virgen es siempre María, la madre de Jesucristo. En los países muy devotos de la Virgen, y especialmente en España, María recibe muchos nombres distintos: de la Paloma, del Pilar, de las Mercedes... En Tenerife la llaman Virgen de la Candelaria.

[18] **patrona** *f.:* en los países católicos, todas las ciudades y pueblos tienen un patrón o una patrona (Jesucristo o la Virgen, un santo o una santa) al que rinden un culto especial.

[19] **calendario** *m.:* hoja o conjunto de hojas con los días y meses del año.

[20] **ansiedad** *f.:* suele significar «preocupación». Aquí, significa «deseo». Esta canción es sudamericana y muy conocida.

[21] **la** *City*: barrio de Londres donde están las oficinas de las empresas y bancos más importantes.

[22] **rondalla** *f.:* grupo de personas que tocan música y cantan por las calles y plazas.

[23] **madrugadas** *f.:* mañanas, muy temprano, cuando sale el sol.

[24] **máscaras** *f.:* en Carnaval, la gente lleva máscaras para taparse la cara o los ojos y no ser reconocida por los demás.

[25] **sueco:** de Suecia.

[26] **grúas** *f.:* máquinas que sirven para levantar objetos muy pesados y llevarlos de un sitio a otro.

²⁷ **candidata** *f.:* aquí, chica que se presenta a un concurso para ser elegida reina de las fiestas.

²⁸ **azteca** *m.* y *f.:* se aplica al pueblo y a la cultura que dominaron México antes de la llegada de los españoles.

²⁹ **fuegos artificiales** *m.:* cohetes lanzados al cielo que, al quemarse, producen explosiones y luces de colores, y que se utilizan con motivo de alguna fiesta.

³⁰ **contrato** *m.:* documento que firman dos personas o empresas cuando se ponen de acuerdo para comprar o vender algo o realizar algún trabajo la una para la otra.

³¹ **coros** *m.:* grupos de personas que cantan juntas.

Títulos ya publicados de esta Colección

Nivel 4

Carnaval en Canarias. FERNANDO URÍA
* *El oro de los sueños.* JOSÉ MARÍA MERINO
* *La tierra del tiempo perdido.* JOSÉ MARÍA MERINO
* *Las lágrimas del sol.* JOSÉ MARÍA MERINO
* *La muerte y otras sorpresas.* MARIO BENEDETTI
* *Letra muerta.* JUAN JOSÉ MILLÁS
* *Sangre y arena.* VICENTE BLASCO IBÁÑEZ

Nivel 5

* *Pepita Jiménez.* JUAN VALERA
* *Aire de Mar en Gádor.* PEDRO SORELA
* *Los santos inocentes.* MIGUEL DELIBES

Nivel 6

* *Los Pazos de Ulloa.* EMILIA PARDO BAZÁN
* *La Celestina.* FERNANDO DE ROJAS
* *El Señor Presidente.* MIGUEL ÁNGEL ASTURIAS

* *Adaptaciones*

La colección LEER EN ESPAÑOL ha sido concebida, creada y diseñada
por el Departamento de Idiomas de Santillana Educación, S. L.

El libro *Carnaval en Canarias* es una obra original
de Fernando Uría para el Nivel 4 de esta colección.

Edición 1991
Coordinación editorial: Silvia Courtier

Edición 2008
Dirección y coordinación del proyecto: Aurora Martín de Santa Olalla
Edición: Begoña Pego

Edición 2010
Dirección y coordinación del proyecto: Aurora Martín de Santa Olalla
Edición: M.ª Antonia Oliva

Dirección de arte: José Crespo
Proyecto gráfico: Carrió/Sánchez/Lacasta
Ilustración: Jorge Fabián González
Jefa de proyecto: Rosa Marín
Coordinación de ilustración: Carlos Aguilera
Jefe de desarrollo de proyecto: Javier Tejeda
Desarrollo gráfico: Rosa Barriga, José Luis García, Raúl de Andrés
Dirección técnica: Ángel García
Coordinación técnica: Lourdes Román
Confección y montaje: Marisa Valbuena, María Delgado, Estudio 83
Cartografía: José Luis Gil, Belén Hernández, José Manuel Solano
Corrección: Gerardo Z. García, Nuria del Peso, Cristina Durán
Documentación y selección de fotografías: Mercedes Barcenilla
Fotografías: C. Suárez; C. Valderrábano e I. Hernández; J. C. Muñoz; Krauel; EFE; I. Preysler;
IBIZA FOTOESTUDIO/R. Martínez; ISTOCKPHOTO; J. M.ª Barres; MUSEUM
ICONOGRAFÍA/J. Martin; SEIS X SEIS/D. Lezama; C. Brito/J. Núñez; MATTON-BILD;
SERIDEC PHOTOIMAGENES CD; ARCHIVO SANTILLANA
Grabaciones: Textodirecto
Música: Paco Arribas Producciones Musicales

© 1991 by Fernando Uría
© 2008 Santillana Educación
© 2010 Santillana Educación Torrelaguna, 60. 28043 Madrid
En coedición con Ediciones de la Universidad de Salamanca

PRINTED IN SPAIN
Impreso en España por Unigraf S.L.

ISBN: 978-84-9713-122-3
CP: 161327
Depósito legal: M-1347-2010